Reconocer y defenderse de la psicología oscura

Cómo reconocer la manipulación emocional, desenmascarar un trastorno de la personalidad y las mentiras y defenderse de las técnicas de manipulación

Martina Richter

CONTENIDO

Qué puedes esperar de esta guía

¿Te sientes manipulado y engañado? ¿Confías en la gente con demasiada facilidad y te dejas deslumbrar por ella? ¿Tienes la sensación de que siempre acabas con las personas equivocadas y terminas sorprendiéndote por su frialdad? ¿O has descubierto a un manipulador y quieres comprender su comportamiento? Entonces has tomado la decisión correcta al comprar esta guía.

En muchas personas acecha un lado oscuro. Utilizan trucos psicológicos para manipular a las personas que les rodean y enfrentarlas entre sí . Utilizan a la gente con frialdad para conseguir sus propios objetivos y rara vez sienten remordimientos o se arrepienten. ¿Tú también has tenido experiencias con personas de corazón frío y quieres comprender su comportamiento? Esta guía te dará respuestas a todas tus preguntas sobre la psicología oscura. Aprenderás todo sobre el lado oscuro de la psicología. En qué consiste y cómo reconocer a las personas con un lado oscuro.

Aprenderás sobre la tríada oscura de la personalidad y la comprenderás mediante ejemplos. Porque sólo cuando hayas comprendido qué hace tan peligrosa a una persona con un lado oscuro, sabrás por qué debes evitarla si es posible. Sin embargo, no siempre reconocerás inmediatamente a una personalidad oscura. Suelen mostrar su verdadera cara años más tarde. Por eso esta guía te ayudará a reconocer las señales de que una persona con características oscuras está operando en tu entorno inmediato. Conocerás las técnicas de engaño y manipulación, y también aprenderás a descubrir las mentiras y la influencia de los demás. En el último capítulo de la guía, aprenderás a utilizar trucos psicológicos para negociar con éxito y persuadir a los demás.

Comprender el lado oscuro

¿QUÉ ES EL LADO OSCURO?

Antes de que puedas aprender a poner en práctica estas estrategias, primero tienes que comprender en qué consiste el lado oscuro de la psicología. Necesitas comprender qué características se atribuyen al lado oscuro para poder reconocerlas. Los comportamientos social y moralmente cuestionables suelen atribuirse a rasgos oscuros de la personalidad. Las personas con rasgos de personalidad oscura más pronunciados suelen caracterizarse por un comportamiento manipulador, egoísta, interesado o insensible. Sin embargo, no todas las características del lado oscuro suelen ser igual de pronunciadas. Sin embargo, lo que suelen tener todas en común es la falta de empatía y comprensión, así como una marcada falta de emoción. Aunque muchos de los rasgos oscuros tienen connotaciones negativas, a menudo se asocian con el éxito profesional.

En los últimos años, los científicos han desarrollado pruebas psicológicas que pueden utilizarse para determinar los rasgos oscuros de la personalidad. Sin embargo, es difícil obtener un resultado válido en los tests, sobre todo en el caso de las personas manipuladoras. Por tanto, las observaciones y las conversaciones son igual de importantes para descubrir el lado oscuro de una persona.

¿CÓMO SE CREA?

Ahora tienes una visión general de las características y comportamientos que conforman el lado oscuro de la personalidad. Pero, ¿cómo se desarrolla? ¿Las personas con rasgos oscuros de personalidad han experimentado mucho sufrimiento por sí mismas o se trata de rasgos heredados?

No existe una única respuesta a estas preguntas, ya que hay varios factores responsables de que desarrollemos un lado oscuro. A continuación te diré cuáles son exactamente.

RESULTADOS DE LA INVESTIGA-CIÓN ACTUAL

Para comprender por qué una persona tiene rasgos oscuros de personalidad, los investigadores y científicos del campo de la psicología llevan mucho tiempo estudiando las condiciones en las que se desarrollan determinados rasgos de personalidad. Lo que debería estar claro para todos es que no existe una experiencia única que haga que cada persona desarrolle una personalidad oscura. Más bien, es una interacción de factores genéticos, biológicos y ambientales lo que conduce al desarrollo de los rasgos oscuros de la personalidad. Un modelo que explica el desarrollo de una personalidad oscura hasta convertirse en un trastorno de la personalidad es el modelo de vulnerabilidad-estrés. El modelo supone que algunas personas son biológicamente más vulnerables a desarrollar un trastorno mental que otras. Los rasgos de personalidad heredados genéticamente, como una fuerte impulsividad o sensibilidad, pueden hacer que una persona sea más vulnerable o susceptible de desarrollar un trastorno mental. En la infancia y la adolescencia, las condiciones estresantes, como estilos de crianza negativos o la muerte de uno de los padres, pueden favorecer aún más el desarrollo de una enfermedad mental. Si además una persona tiene pocas experiencias positivas, pocas figuras de apego de confianza y está expuesta a otras condiciones ambientales menos positivas, puede manifestarse un trastorno mental.

El desarrollo de determinados rasgos de la personalidad y, posiblemente, de trastornos de la personalidad, se basa en componentes genéticos que aumentan la probabilidad de desarrollar determinados rasgos de la personalidad. Estudios científicos han demostrado que los gemelos idénticos tienen rasgos de personalidad más parecidos que los gemelos fraternos. Esto significa que los factores genéticos influyen en el desarrollo de la personalidad. Si los gemelos fraternos fueran igual de parecidos en cuanto a rasgos de personalidad, esto se debería principalmente a las condiciones ambientales. Sin embargo, no se puede suponer que exista una personalidad oscura a través de las generaciones. No todas las personas con un componente genético para los rasgos oscuros de la personalidad los desarrollarán. También en este caso hay que tener en cuenta el modelo de vulnerabilidad-estrés.

Además del componente genético, las influencias ambientales también influyen en el desarrollo de los rasgos de personalidad. Los investigadores afirman que las experiencias de separación y pérdida, abandono y maltrato en la infancia y la adolescencia pueden hacer que una persona desarrolle una personalidad oscura. Por ejemplo, la exposición prolongada a malos tratos o a un estilo de crianza negativo puede tener un efecto duradero en la forma en que una persona afronta sus propios sentimientos y los de los demás, así como en su forma de relacionarse con otras personas. Especialmente en las personas que presentan rasgos narcisistas, como tener que situarse constantemente en el centro de atención, la falta de calidez emocional, el establecimiento inadecuado de límites y el vínculo entre éxito y reconocimiento pueden haber llevado a la manifestación de estos rasgos de personalidad en la infancia. Sólo recibían elogios, calidez y amor cuando habían conseguido algo particularmente grande, y en consecuencia también se presentan como particularmente grandes o especiales en la edad adulta para recibir reconocimiento. No obstante, hay que tener en cuenta que el desarrollo de la personalidad de cada persona está influido por sus propias experiencias. Cada persona tiene una dotación genética y una capacidad de recuperación individuales, que pueden hacer que una persona desarrolle una personalidad oscura o depresiva cuando experimenta una situación estresante o que permanezca mentalmente sana.

Los científicos e investigadores parten de la base de que el desarrollo de la personalidad no se completa en gran medida hasta los 16 años. Por tanto, el diagnóstico de trastorno de la personalidad, que conocerás más adelante en esta guía, no se da antes de los 16 años.

El núcleo oscuro de la personalidad

El núcleo oscuro de la personalidad suele reflejarse en el comportamiento de una persona. El núcleo oscuro consiste en la tendencia a maximizar el propio beneficio sin ninguna consideración por los sentimientos y necesidades de otras personas. Se aprovechan de sí mismos a costa de los demás. Se consideran especialmente importantes y superiores. Sin embargo, esto no significa que las personas con un núcleo oscuro no puedan también cooperar bien con los demás. Para evitar sanciones o proteger su reputación, suelen ser excelentes cooperando con los demás.

Por supuesto, el núcleo oscuro de la personalidad no es igual de pronunciado en todas las personas. Ciertos rasgos oscuros de la personalidad, como la manipulación, la mentira o la insensibilidad, también son más pronunciados en una persona que en otra. No obstante, los rasgos oscuros de la personalidad están interrelacionados. Esto significa que si conoces a una persona muy manipuladora, es más probable que también mienta con frecuencia. Los tres rasgos oscuros de la personalidad también están relacionados entre sí. Son el narcisismo, el maquiavelismo y la psicopatía, también conocidos como la tríada oscura de la personalidad. Ahora conocerás estos tres rasgos con más detalle y también aprenderás a identificarlos en las personas.

LA TRÍADA OSCURA

Puede que ya te hayas topado con el término "tríada oscura". Se trata de tres rasgos de personalidad bien investigados que tienen el objetivo común de alcanzar sus propias metas y su éxito personal a costa de los demás.

Narcisismo: Describe la característica de evaluarse a uno mismo como más valioso, más importante, mejor y más grande de lo que realmente es. Los narcisistas tienen un sentido exagerado de la propia importancia, están muy centrados en sí mismos y destacan por su exagerada autoevaluación positiva. Muestran poca consideración por los sentimientos de los demás y se apresuran a herir emocionalmente a los demás.

Están satisfechos consigo mismos y con su vida, pero quieren ser admirados por los demás en todo momento. A primera vista, un narcisista puede parecer incluso simpático, ya que suelen ser muy carismáticos y encantadores. Son muy elocuentes y atraen la atención como por arte de magia. Sin embargo, con el tiempo queda claro que sólo hace todo esto por sí mismo y que necesita la atención y la admiración para su ego.

Un narcisista tolera tan poco internamente los

comentarios despectivos como las críticas. Sin embargo, exteriormente parecen inmunes a cualquier tipo de crítica. Aunque muchas de estas características se consideran negativas, también pueden tener un efecto positivo en un grado saludable y ayudarte a progresar en tu trabajo.

Maquiavelismo: Incluye las características de lucha por el poder, la grandeza y la influencia. Los maquiavélicos son cínicos, egoístas y manipuladores. Utilizarán cualquier medio para conseguir sus propios objetivos. Desarrollan estrategias y planteamientos tácticos para ganar poder e influencia. Como son capaces de mostrar empatía, se ganan rápidamente la confianza de otras personas y construyen una red de la que sólo pueden beneficiarse. Aceptan hacer daño a los demás con sus acciones y normalmente sólo entablan amistades y relaciones si les resultan beneficiosas.

A menudo se aprovechan de sus semejantes y los manipulan. Su hábil autopresentación les facilita establecer contactos y ganarse a la gente. Como un camaleón, los maquiavélicos son capaces de adaptarse con flexibilidad a nuevas situaciones y camuflar sus malos rasgos de carácter. Por eso, a menudo resulta difícil desenmascararlos.

Psicopatía: Ésta es probablemente la más oscura de las tres características. Los psicópatas son mentirosos sin escrúpulos, egoístas y manipuladores. No sienten remordimientos y son muy insensibles. Suelen carecer de la capacidad de empatizar, por lo que se aprovechan de la gente y no tienen en cuenta las consecuencias emocionales de sus actos. No tienen conciencia moral.

Con sus maneras encantadoras, mantienen relaciones superficiales que les sirven para alcanzar sus propios objetivos. Sin embargo, suelen carecer de objetivos realistas a largo plazo y utilizan la explotación y la manipulación de las personas para combatir el aburrimiento. Los psicópatas suelen ser delincuentes y se les puede encontrar en instituciones penitenciarias. Incluso en la adolescencia, la psicopatía se asocia a comportamientos delictivos y criminales. En cambio, los "psicópatas de éxito" suelen encontrarse en puestos de liderazgo .

¿CÓMO RECONOCES LAS PERSO-NALIDADES OSCURAS?

Ahora ya sabes qué constituye una personalidad oscura y qué características pertenecen a la tríada oscura de la personalidad. Las personas con estos rasgos suelen ser difíciles de tratar durante mucho tiempo y a menudo desearías, en retrospectiva, haber reconocido las señales.

Por eso, ahora aprenderás a reconocer una personalidad oscura y a desenmascarar su comportamiento orientado al beneficio. Debes aprender a escuchar y observar atentamente para reconocer las posibles señales y leer entre líneas.

1. Una persona **suele cambiar de relaciones y amistades** porque se aburre rápidamente, ya las ha explotado o manipulado.

2. **relaciones superficiales**. Le resulta difícil tener relaciones profundas. Prefiere tener muchos y cambiantes contactos.

3. **el caballero encantador**. Mantienen relaciones a través de sus maneras encantadoras.

4. **Cambiar de pareja sexual**. Tras la conquista se aburren y quieren seguir adelante.

5 Una persona **no se disculpa**. No siente remordimientos y no puede reconocer los errores.

6. **Mantener el control**. Ella debe tomar las decisiones.

7. **Poca empatía**. La persona tiene poca capacidad para empatizar con los demás.

8. **ambición**.

9. **Autoestima ex**agerada. La persona se cree especial y tiene un sentido exagerado de la propia importancia.

10. **mentiras**.

Un personaje cinematográfico muy conocido que, según el psicólogo australiano Peter Jonason, es un excelente ejemplo de personalidad oscura es Bond. James Bond. Porque, aunque hace latir más rápido el corazón de innumerables mujeres, sus enemigos son su máxima prioridad. Sin tener en cuenta los sentimientos de los que le rodean, Bond hará cualquier cosa para conseguir sus objetivos. Sólo le interesa su propio beneficio y pasará literalmente por encima de cadáveres para conseguirlo. Sin embargo, es encantador, carismático y educado. Sabe cómo comportarse y cómo ganarse el corazón de las mujeres con habilidad. Posee una peligrosa combinación de manipulación, falta de escrúpulos y terquedad que puede clasificarse como perteneciente a la tríada oscura.

El narcisismo de Bond: coches y trajes caros, llama la atención, es elocuente.

Maquiavelismo de Bond: enfoque táctico, fuertemente centrado en el objetivo, flexiblemente adaptable a nuevas situaciones.

La psicopatía de Bond: Su "licencia para matar" representa la forma despiadada en que se deshace de las personas que le obstaculizan la consecución de su objetivo.

Sin embargo, una clasificación tan clara y una forma tan pura de la tríada oscura sólo suelen existir en las películas de Hollywood. En la realidad, es muy poco frecuente. Por eso es importante prestar atención a las señales, pero no sacar conclusiones precipitadas.

¿CÓMO TE ENFRENTAS A LAS PERSONALIDADES OSCURAS?

Si ahora conoces a una persona que tiene muchas de estas características o que quizá incluso te ha explotado sin escrúpulos y con frialdad, ¿cómo debes tratar con ella? En el siguiente capítulo aprenderás lo que debes tener en cuenta cuando trates con personas de personalidad oscura.

Narcisismo:

1. **Manejo suave**: Las personas con rasgos de personalidad narcisista son muy sensibles. Por tanto, las críticas deben expresarse con cautela y cuidado. Intenta formular tus críticas en forma de mensajes precisos "yo". "Sufro cuando no acudes a las citas".

2. **No esperes disculpas**. Una persona con rasgos narcisistas no puede admitir que ha cometido un error. Esto no encaja con su grandiosa imagen de sí mismos.

3. **Pide, no exijas**: No debes esperar que una persona narcisista responda a tu petición. Sin embargo, las peticiones suelen tener más éxito que las exigencias.

4. **Mantén el foco**: Los narcisistas suelen ser buenos distrayendo del tema e intentan dar prioridad a sus propios objetivos y necesidades. Mantén la concentración y no te dejes distraer de tus objetivos.

5. **Refuerza tus habilidades de comunicación**: Date cuenta de lo que quieres conseguir con tu comunicación. El lenguaje es poder.

6. **Presenta hechos objetivos**: A menudo, el narcisista intenta colocarse en un "papel de víctima". Utiliza hechos objetivos para dejarle claro por qué no es así.

7. **Protege tus propios límites**: Para un narcisista no hay reglas ni límites. Creen que están por encima de todo. Por tanto, no debes responder a nada que vaya más allá de tus propios límites y normas morales.

8. **Mantén la distancia**: Si todo se vuelve demasiado para ti, mantén la distancia. No puedes cambiar a un

narcisista.

9. **Alimenta el ego**: Si no tienes forma de evitar al narcisista o de mantener las distancias en una situación determinada, ayuda alimentar su ego con cumplidos. Aunque esto puede resultar difícil, es mejor que convertirse en el blanco de la agresión narcisista.

10. **Date cuenta de que el problema no está en ti**: Las personas con rasgos narcisistas no se comunicarán contigo de igual a igual porque se creen algo especial y mejor.

Maquiavelismo:

1. **Comprueba la veracidad de las afirmaciones**: el maquiavélico es muy decidido y manipulador. Protégete comprobando la veracidad de sus afirmaciones.

2. **Cuestiona sus intenciones**: Una persona maquiavélica te dirá todo lo que quieras oír para conseguir sus propios objetivos. Por tanto, debes preguntarte cuál es la intención de su comportamiento.

3. **no te dejes cegar**: Porque, a diferencia de los psicópatas y los narcisistas, puedes dar la impresión de ser muy empático.

4. **no cedas**: Los maquiavélicos son fuertes negociadores. Déjale clara tu postura y tu posición. Sin embargo, no le lleves la contraria.

5 **Mantente amable y firme**: No te conviertas en un objetivo reaccionando de forma desafiante en las conversaciones. Comunicándote de forma amistosa y firme, les demuestras que te comunicas al mismo nivel.

6. **réplica**: Defenderte de la manipulación del maquiavélico con réplicas pretende crear distancia y darte unos segundos para pensar y aún así decir "no".

7 **Protege tus propios límites**: Incluso para un maquiavélico no hay reglas ni límites. Cree que está por encima de todo. Por tanto, no debe responder a nada que vaya más allá de sus propios límites y normas morales.

8. **mantén la** distancia: Aquí también, si todo se vuelve demasiado para ti, mantén la distancia. No puedes cambiar a un maquiavélico.

9. **Alimentar el** ego: Si no tienes forma de evitar al maquiavélico o de mantener las distancias en una situación determinada, también ayuda alimentar su ego con cumplidos.

10. **Date cuenta de que el problema no reside en ti**: Las personas con rasgos maquiavélicos no se comunicarán contigo de igual a igual.

Psicopatía:

1. **Confía en tu instinto**: Si la persona con la que hablas parece amenazadora, confía en ella y mantén las distancias.

2. **Gestos y expresiones faciales de autoconfianza:** Los psicópatas raramente manipulan a la gente con un comportamiento de autoconfianza.

3. **No muestres debilidad**: Un psicópata se centra en las debilidades de los demás para explotarlas.

4. **ten cuidado**: nunca te pongas al mismo nivel que un psicópata. Es un profesional en lo que hace.

5 **Protege tus propios límites**: Incluso para un psicópata no existen reglas ni límites. Por tanto, no debes responder a nada que supere tus propios límites y normas morales.

6 **Reacciona con calma**: El psicópata se aburre rápidamente y puede dejarte marchar y buscar otra cosa que hacer.

7 **No te quedes solo**: cuenta el problema a tus amigos o a otras personas. Juntos es más fácil actuar contra un psicópata.

8. **mantén las** distancias: De nuevo, mantén la distancia. No puedes cambiar a un psicópata.

9. **denuncia**: No dudes en denunciar las acciones del psicópata en caso de delitos graves. El psicópata es despiadado. Es muy probable que se repita.

10 **Date cuenta de que el problema no está en ti**: Las personas con rasgos psicopáticos no se comunicarán contigo en pie de igualdad .

No dudes en pedir ayuda. Nunca se sabe hasta dónde llegará una persona con rasgos oscuros de personalidad para conseguir sus objetivos. Sin embargo, la mayoría de las personas sólo tienen rasgos oscuros de personalidad. Una forma pura de personalidad oscura es muy rara.

PERSONALIDADES OSCURAS EN EL ENTORNO LABORAL

En tu entorno laboral, seguro que te cruzas con personas de personalidad oscura. Lo mejor en una situación así sería, sin duda, mantener las distancias y evitar a esa persona. Sin embargo, sobre todo en la oficina y cuando se trabaja en equipo, ésta no suele ser una solución factible. Las personas con rasgos de personalidad maquiavélica son especialmente frecuentes en los niveles directivos. Se las considera competitivas y asertivas.

A primera vista, esto puede suponer muchas ventajas para una empresa. Pero si se mira más de cerca, enseguida se ve que los empleados sufren bajo ese tipo de liderazgo. La capacidad de gestión de un directivo con rasgos maquiavélicos suele juzgarse inadecuada y los empleados se sienten desanimados por su comportamiento manipulador.

Las personas con rasgos de personalidad narcisista también son convincentes a primera vista, sobre todo en las entrevistas de trabajo. Sólo con el tiempo se revela el verdadero carácter de un colega o jefe narcisista. Muestran su comportamiento egoísta y manipulador, y los empleados que trabajan con ellos suelen agotarse y quemarse rápidamente. Para evitar luchas de poder con ellos, lo mejor es aclarar de antemano las áreas de responsabilidad y establecer límites claros. Como se ofenden con especial facilidad y tienden a ser vengativos en este contexto, hay que evitar las acusaciones y las amenazas.

Los psicópatas también pueden encontrarse en el lugar de trabajo. El trabajo en común suele empezar con bastante normalidad, pero sus verdaderos colores se revelan con el paso del tiempo. Los valores, la moral y los acuerdos no existen para él. Son fríos, calculadores y despiadados. Resulta sorprendente que cuanto más alto es el nivel jerárquico, más frecuentemente los líderes muestran rasgos psicopáticos. Diversos estudios hablan de hasta un 20%. Suele pasar mucho tiempo antes de que un psicópata quede al descubierto en el entorno laboral y finalmente tenga que abandonar la empresa. También en este caso es útil confiar en un colega de confianza o incluso en el departamento de RRHH. No dejes que te aísle y actúa con coherencia.

10 consejos generales a tener en cuenta si te encuentras con una persona con rasgos oscuros de personalidad en tu entorno laboral:

1. documentar con precisión los incidentes críticos.

2. Confía en un cuidador.

3. no te dejes aislar.

4. muestra los límites.

5 Sé consciente de tus propios puntos fuertes.

6. no te involucres en juegos.

7. haz una pausa para temas desagradables.

8. Muestra confianza en ti mismo.

9. mantente en el plano de los hechos.

10 Intenta mantener las distancias.

PERSONALIDADES OSCURAS EN LA ASOCIACIÓN

Aunque a las personas con rasgos oscuros de personalidad les resulta especialmente difícil entablar relaciones, los narcisistas en particular anhelan el amor y el reconocimiento. Pero, ¿es capaz una personalidad oscura de amar a otra persona? ¿Y cómo debes tratar a una pareja que presenta rasgos de personalidad de la tríada oscura? ¿Puede funcionar una relación?

El psicoterapeuta Claas-Hinrich Lammers da una respuesta clara a esta última pregunta: "Depende totalmente de tu propia capacidad de sufrimiento. Una relación con un narcisista, un maquiavélico o un psicópata puede ser agotadora y extenuante. Muchas personas ni siquiera se dan cuenta de que están en una relación con una persona con rasgos oscuros de personalidad. Se sabe que el amor es ciego. Pero si notas estas señales, deberías mirar más de cerca detrás de la fachada de tu pareja:

1. Está obsesionado con ganar. Todo es una competición.
2. Tiene una baja tolerancia a la frustración.
3. tiene secretos.

4. quiere tener el poder.

5. está mintiendo.

6. por tu culpa/por mi culpa, los demás descuidan los contactos sociales.

7. es muy encantador/a.

8. no tiene moral.

9. no conoce límites.

10. A menudo amenaza con poner fin a la relación.

Un narcisista como compañero

Como a los narcisistas les gusta ser el centro de atención y necesitan mucha atención, tienden a buscar una pareja menos segura de sí misma y más insegura en la vida.

Como compañera, debes someterte a tu pareja narcisista. En la relación, soportarás muchas humillaciones y ataques de ira. Te exigirá mucha comprensión, pero él mismo no te mostrará ninguna. Deberías desterrar de tu mente la idea de poder cambiar a tu pareja narcisista, porque no sucederá. A un narcisista no se le puede cambiar.

Sin embargo, una relación con un narcisista también puede tener sus ventajas: Nunca será aburrida, conocerás a mucha gente nueva, es un buen protector y hace grandes regalos para convertirse en el centro de atención. Sin embargo, debido a las enormes dificultades para tratar con personas narcisistas, una relación de pareja suele caracterizarse por problemas que, en última instancia, conducen a la separación. Una separación de una pareja narcisista suele ser especialmente difícil, ya que perciben el hecho de ser "dejados" como una crítica personal hacia sí mismos. Una ruptura roe su dignidad y autoestima durante años. Intentará evitar la separación por todos los medios. Una dependencia emocional acumulada a lo largo de los años se hace especialmente evidente ahora. Debes mantenerte fuerte y no dejarte arrastrar por él.

Un maquiavélico como socio

Los maquiavélicos son especialmente buenos disfrazándose, por lo que pueden pasar años antes de que desenmascaren a su pareja. Se sitúan por encima de su pareja y la manipulan. La verdadera cara del maquiavélico se revela gradualmente a través de un comportamiento inmoral y egoísta.

Como tiene mucha sed de poder, también puede ocurrir que controle fuertemente a su pareja. Una relación con él se compone de muchos bajos, pero también de altos. Su pareja suele estar atrapada en un círculo vicioso de amor y sufrimiento. Por eso puede pasar mucho tiempo hasta que finalmente tome la decisión de separarse de su pareja con rasgos maquiavélicos. Sobre todo las mujeres fuertes, con un gran sentido de la autoestima, querrán separarse de él. Al separarte de él, debes asegurarte de romper las dependencias emocionales y cuestionar las intenciones de su comportamiento. También suelen querer seguir siendo amigas de su ex pareja por razones prácticas.

Un psicópata como compañero

Los psicópatas suelen ser difíciles de ver al principio de una relación. Son auténticos maestros en mimar a su pareja con regalos y también sexualmente. Conquistar a una mujer es un juego fascinante y excitante para él. Sin embargo, una vez que la ha conquistado, su comportamiento suele cambiar rápidamente. Quiere sentirse superior y empieza a ocultar cosas.

No quiere responsabilizarse de nada, quiere controlarte y rápidamente se vuelve agresivo y abusivo. A estas alturas, como muy tarde, ya deberían estar sonando tus alarmas. Si quieres separarte de tu pareja con rasgos psicopáticos, debes tener en cuenta algunas cosas. No sentirá culpa ni remordimientos por las ofensas de las que le acuses. Tampoco se disculpará por nada. En su mente, eres de su propiedad para que te use a su antojo. Se ve a sí mismo como una persona que deja a los demás y no es abandonada por su pareja. Hará cualquier cosa para que te quedes con él. Esto puede llevar incluso a amenazas. Intentará ponerte en evidencia para no parecer él mismo un perdedor. Por eso, si es posible, confía en un cuidador o busca ayuda profesional. Un psicópata es astuto y no dejará piedra sin mover para retenerte a su lado. Mantente fuerte y date cuenta de que no tiene empatía ni moral y, por tanto, puede ser bastante peligroso.

Karin, de 51 años, habló de su relación con un psicópata en una entrevista con una revista:

"Al cabo de dos meses, me pidió que me casara con él". Yo era la mujer de su vida. En los meses que siguieron, ignoré muchas cosas, hoy me doy cuenta de ello. Si hubiera estado en mi sano juicio, debería haberme quedado perpleja porque ni siquiera me permitía mirar a otros hombres. Entonces temía por nuestro gran amor, como me explicó, quejándose . *Él mismo coqueteaba* con la camarera del restaurante. Cuando le hablé de ello, me dijo que eran tonterías, que yo lo veía todo mal. También debería haber sospechado que me estaba timando como a un ganso de Navidad. A *mí me dejaba*

pagarlo todo, aunque los dos ganábamos lo mismo, él como vendedor de seguros, yo como consultora de medios de comunicación. Simplemente no llevaba dinero encima en el restaurante y nunca le daba vergüenza. Y debería haberme dado cuenta de que estaba ahuyentando a mis amigos, uno a uno". En una entrevista con "Idee für mich".

Disponible en: https://www.idee-fuer-mich.de/leben/aus-dem-leben/verliebt-in-einen-psychopathen-4050.html.

PERSONAJES FAMOSOS CON RASGOS OSCUROS DE PERSONALIDAD

Se dice que muchas personalidades de éxito y creativas tienen rasgos oscuros de personalidad. Puede que tú mismo hayas oído rumores y acusaciones. Este capítulo te presenta a personalidades de las que se rumorea que tienen rasgos oscuros de personalidad.

Sin embargo, estas citas no están relacionadas con un trastorno de la personalidad diagnosticado y sólo sirven para ilustrar el trastorno. Intenta adivinar a partir de las historias qué rasgo oscuro encarna la persona.

"Imagina a este jefe: Tiene un deseo perverso de

menospreciar a los demás. Sus rabietas son legendarias. Declaraciones como "Imbécil, lo haces todo mal" se suceden cada hora. Carece por completo de empatía. Utiliza el encanto para ganarse a la gente cuando le conviene. Ignora la realidad y pretende ser alguien especial. La moralidad no cuenta. Traiciona sin escrúpulos a su mejor amigo. Al mismo tiempo, es muy carismático. Según un estudio de Insead, este hombre es el directivo con más éxito de todos los tiempos: Steve Jobs". (Johannes Steyrer, derstandard.at, 07/06/2014). Psicopatía

"En el caso del presidente, es bastante obvio que su necesidad psicológica es parecer invulnerable como Superman. Para mantener una fachada tan grandiosa, alguien con un ego tan débil está dispuesto incluso a sacrificar la vida de los demás. En cada momento de su vida se pregunta: ¿cómo puedo hacer que la gente me admire? Porque si no, no puedo respirar. Así de obsesionado está. Es duro tener que vivir tu vida así". (Dr. Ramani Durvasula sobre Trump, deutschlandfunk.de, 14.10.2020).   Narcisismo

"La fascinación por el gobernante fuerte y carismático nunca se ha desvanecido. Convence a su pueblo de que puede hacer milagros, de que representa a la

nación. Lo hacen [...] hábilmente. Al adquirir un su-
perego virtual, aparentan ser más de lo que realmente
son. Son salvadores y solucionadores de problemas,
algo que funciona muy bien en nuestro mundo cada
vez más complejo. Y si estás dotado de este carisma, ya
no tienes que rendir cuentas a nadie. [...] El maquiavelismo sugiere potencia, indefensión. El aspecto ma-
chista forma parte de la poderosa autorrepresentación,
como las imágenes [...] [de aquél] con la parte superior
del cuerpo desnuda. Todo ello pretende transmitir el
mensaje de poder y fuerza". (Gudrun Dometeit, sobre
Putin y Erdoğan, Fokus Magazin online, Política y
Sociedad, 26 de marzo de 2017). Maquiavelismo

Trastornos de la personalidad

Muchas personas presentan rasgos de personalidad de la tríada oscura. Sin embargo, sólo unas pocas tienen un trastorno de personalidad pronunciado. Pero, ¿qué es un trastorno de la personalidad y cuántas personas tienen un trastorno oscuro de la personalidad? En este capítulo encontrarás respuestas a estas preguntas.

Un trastorno de la personalidad es un trastorno mental que se asocia a una alteración de la estructura de la personalidad. Las personas con un trastorno de la personalidad muestran un comportamiento inadecuado en las relaciones y en las situaciones cotidianas.

Este comportamiento persiste a lo largo del tiempo y en distintas situaciones. Con el tiempo, esto hace que la persona afectada sufra.

Los trastornos de la personalidad rara vez se diagnostican antes de los 16 años, ya que la personalidad de una persona sigue desarrollándose hasta esa edad. Los trastornos de la personalidad que se asocian a características de la tríada oscura son el trastorno narcisista de la personalidad y el trastorno disocial de la personalidad.

Frecuencia y distribución por sexos

En Alemania, alrededor del 8% de los adultos padecen un trastorno de la personalidad. Las mujeres se ven afectadas con la misma frecuencia que los hombres. Una excepción es el trastorno de personalidad disocial. Este trastorno afecta a los hombres hasta tres veces más que a las mujeres. El trastorno disocial de la personalidad afecta aproximadamente al 3% de los hombres alemanes y al 1% de las mujeres alemanas. Si nos fijamos en el trastorno narcisista de la personalidad, hasta el 2,5% de los hombres y mujeres alemanes padecen este trastorno de la personalidad. Como ambos trastornos son relativamente raros en la población, los psicólogos y psiquiatras suelen utilizar el término "acentuación de la personalidad" cuando no se presenta el cuadro clínico completo del trastorno.

¿QUÉ ES EL TRASTORNO NAR-CISISTA DE LA PERSONALIDAD?

En un trastorno narcisista de la personalidad, los afectados muestran las características del narcisismo de la tríada oscura. Son menos empáticos, sobrevaloran sus propias capacidades y buscan atención y reconocimiento. Exageran, mienten, engañan, manipulan y reaccionan más intensamente que otras personas ante las críticas y el rechazo.

En el caso del trastorno narcisista de la personalidad, sin embargo, las características son tan pronunciadas que la propia persona afectada las padece. Son incapaces de adaptarse bien a las circunstancias externas de la vida. Su marcado deseo de reconocimiento y admiración suele interponerse en su camino. Por tanto, hay trastorno narcisista de la personalidad cuando una persona tiene rasgos de personalidad narcisista muy pronunciados y los padece. Sin embargo, los narcisistas no siempre revelan sus rasgos de carácter. Además de los narcisistas manifiestos, que revelan su grandiosidad y superioridad evasiva, también hay narcisistas encubiertos. Son amables, generosos y serviciales. Pero esto sólo les sirve para quedar bien con sus acciones altruistas.

El narcisismo también puede caracterizarse por la vulnerabilidad y la cerrazón. A diferencia de los narcisistas grandiosos, que revelan su ego exagerado, es difícil diagnosticar a los narcisistas encubiertos y vulnerables. El trastorno narcisista de la personalidad suele ir acompañado de otros trastornos mentales, como trastornos alimentarios, depresión y drogadicción. El trastorno narcisista de la personalidad es una enfermedad grave y puede tener graves consecuencias si no se trata adecuadamente.

¿CÓMO SE RECONOCE UN TRASTORNO NARCISISTA DE LA PERSONALIDAD?

En Alemania, el trastorno narcisista de la personalidad se diagnostica según la Clasificación Internacional de Trastornos Mentales (CIE-10). Contiene criterios, de los cuales deben cumplirse un cierto número para poder hacer un diagnóstico de trastorno narcisista de la personalidad.

El diagnóstico requiere varias discusiones intensivas y también pueden utilizarse pruebas psicológicas. Por tanto, como profano, no debes utilizar los criterios para distribuir libremente el diagnóstico y etiquetar a los demás. No obstante, puedes utilizar los criterios para valorar si debe considerarse la posibilidad de una cita con un psicólogo, psiquiatra o psicoterapeuta.

Se proponen los siguientes criterios para el diagnóstico (CIE-10, p. 349):

1. **Sentido de grandeza en relación con la propia importancia** (por ejemplo, exagerar la propia actuación).

2. **Preocupación por fantasías de éxito ilimitado, poder, esplendor, belleza o amor ideal**.

3. Está **convencido de que es especial o único**. Sólo las personas que también son especiales pueden estar con él/ella o comprenderle.

4. **Necesidad de admiración excesiva.**

5. **Expectativa irrazonable de recibir un trato especial o favorable por parte de los demás**.

6. **Aprovecharte de los demás para conseguir tus propios objetivos**.

7. **falta de empatía**.

8. **envidia.**

9. **Comportamiento arrogante y altanero**.

En general, el comportamiento debe persistir en distintas situaciones y no debe estar social o culturalmente aceptado.

¿QUÉ ES UN TRASTORNO DISO-CIAL DE LA PERSONALIDAD?

Ahora que ya conoces el trastorno narcisista de la personalidad, también te familiarizarás con el trastorno disocial de la personalidad. El trastorno disocial de la personalidad también se conoce como trastorno antisocial de la personalidad. Como su nombre indica, el comportamiento de los individuos afectados se caracteriza por la irresponsabilidad y la manipulación.

Se centra en despreciar y violar los derechos básicos de los demás. Al igual que los psicópatas, las personas con un trastorno de personalidad disocial no muestran remordimientos. Actúan de forma muy impulsiva, lo que les hace peligrosos e inescrutables. También muestran rápidamente un comportamiento agresivo. Destruyen la propiedad ajena, roban o maltratan a animales o personas. Engañan y engañan, y también pueden intentar ocultar sus acciones bajo un alias. Los que padecen un trastorno de personalidad disocial son maestros de la manipulación y la mentira. Normalmente sólo lo hacen para su propio placer o para conseguir sus propios objetivos. El comportamiento disocial, como torturar animales, acosar en la escuela o robar cosas, puede observarse ya en la infancia y la adolescencia, antes de que se haga el diagnóstico. También es sorprendente que la proporción de personas con un trastorno disocial de la personalidad en las prisiones sea significativamente mayor que en la población general. Sin embargo, esto no significa que todas las personas con un trastorno disocial de la personalidad se conviertan automáticamente en delincuentes y criminales.

Un trastorno disocial de la personalidad suele ir acompañado de un mayor consumo de sustancias, como el alcohol o la depresión, así como de psicopatía. A diferencia de los psicópatas, las personas con un trastorno disocial de la personalidad no son tan buenas disimulando su comportamiento. Las personas con un trastorno disocial de la personalidad no suelen mostrar el comportamiento inicialmente encantador y accesible de los psicópatas. Sin embargo, hay muchas coincidencias entre ambos trastornos.

¿CÓMO SE RECONOCE UN TRASTORNO DISOCIAL DE LA PERSONALIDAD?

Al igual que el trastorno narcisista de la personalidad, el trastorno disocial o antisocial de la personalidad se diagnostica en Alemania según la Clasificación Internacional de Trastornos Mentales (CIE-10). También en este caso, un diagnóstico preciso requiere varias entrevistas intensivas y pruebas psicológicas.

Nunca debes suponer a la ligera que una persona padece un trastorno disocial de la personalidad. Los criterios de la CIE-10 pueden proporcionar una indicación de la posible presencia de este trastorno. Sin embargo, el diagnóstico sólo debe ser realizado por especialistas formados.

Se proponen los siguientes criterios para el diagnóstico (CIE-10, p. 239s.):

1. frialdad emocional.

2. Actitud persistente e irresponsable, desprecio de las normas.

3. no hay relaciones duraderas.

4. Muy baja tolerancia a la frustración.

5. sin sentimiento de culpa.

6. Culpar a los demás de tu propio mal comportamiento.

¿ES TRATABLE UN TRASTORNO DE LA PERSONALIDAD?

Sí, un trastorno de la personalidad suele ser tratable con apoyo psicoterapéutico. Sin embargo, primero hay que superar el obstáculo de buscar ayuda. A los afectados les suele resultar difícil buscar o aceptar ayuda. Como el trastorno de la personalidad es un trastorno egosintónico, los afectados no suelen darse cuenta de que su comportamiento es inadecuado. Egosintónico significa que los afectados perciben sus impulsos y sentimientos como propios.

Se sienten en desacuerdo consigo mismos y con su entorno. Por eso, los familiares cercanos o los cuidadores de confianza suelen buscar ayuda y apoyo, ya que han desarrollado sus propios problemas psicológicos como consecuencia de las difíciles situaciones vividas con la persona afectada. Como un trastorno de la personalidad suele existir durante años antes de que los afectados busquen apoyo, la terapia también lleva más tiempo. Aunque los afectados suelen estar desmotivados al principio de la terapia, pueden observarse mejoras significativas como resultado de la misma. Aprenden a enfrentarse a sentimientos y pensamientos difíciles y desagradables y a modificar o cambiar comportamientos específicos. También se pueden abordar y trabajar las relaciones interpersonales. La terapia no puede cambiar la personalidad de una persona. Sin embargo, las situaciones cotidianas y los conflictos estresantes pueden gestionarse mejor utilizando determinadas técnicas aprendidas. Esto permite a la persona afectada construir y mantener mejores relaciones con los demás.

Si el origen del trastorno de la personalidad desarrollado se encuentra en la infancia, la terapia basada en la psicología profunda puede ser beneficiosa. La terapia se centra en analizar y trabajar las relaciones traumáticas y difíciles que se vivieron en la infancia. Por otra parte, los programas de terapia cognitivo-conductual se centran en el entrenamiento en habilidades sociales. Mediante juegos de rol o terapia de grupo, los afectados aprenden qué comportamiento es adecuado en determinadas situaciones. Tanto la terapia cognitivo-conductual como los métodos basados en la psicología profunda tienen una eficacia de moderada a alta.

Sin embargo, el tratamiento del trastorno de personalidad disocial es especialmente difícil, ya que los afectados son incapaces de establecer una relación de confianza con el terapeuta debido a la falta de calidez emocional y empatía. El deseo interno de poder y violencia no puede extinguirse ni siquiera en terapia. Sin embargo, los afectados pueden aprender a controlar mejor sus impulsos si se lo permiten.

¿TE RECONOCES EN LAS DESCRIPCIONES?

Si sientes que muchas de estas características también se aplican a ti tras leer la descripción de los trastornos, deberías buscar apoyo. Una consulta diagnóstica con un psicoterapeuta te aportará claridad. Por regla general, también están cubiertos por el seguro médico. No tienes por qué avergonzarte de tus sospechas ni de tu comportamiento, ni tienes por qué contárselo a tu jefe ni a nadie. Un psicoterapeuta también está sujeto al secreto médico, de modo que nada de lo que hables con él salga de la habitación. Un terapeuta sólo está obligado a actuar si supones un peligro para ti o para los demás.

Sin embargo, si no tienes confianza para acudir a un terapeuta inmediatamente, confía en alguien de confianza. Suele ayudar hablar con una persona de confianza y afrontar tus miedos relacionados con la terapia. También hay muchas ofertas de ayuda en Internet. También puede resultarte más fácil hablar con personas afines. Además de los numerosos foros de internet, también se puede considerar la posibilidad de hacer terapia de grupo. Una enfermedad mental no es algo de lo que haya que avergonzarse. Sobre todo si tenemos en cuenta que aproximadamente una de cada cuatro personas padece una enfermedad mental.

Reconocer las técnicas oscuras de la psicología

Ahora lo sabes todo sobre la tríada oscura de la personalidad y los dos trastornos oscuros de la personalidad. Sabes que las personalidades oscuras consiguen sus objetivos principalmente mediante la manipulación, la mentira y el comportamiento explotador. Pero una vez que has reconocido una personalidad oscura, ¿cómo consigues desenmascarar sus trucos manipuladores y sus mentiras? Este capítulo te dará la respuesta a esta pregunta. Aprenderás a desenmascarar las mentiras y la manipulación y a utilizar tú mismo las tácticas de persuasión. En la mayoría de los casos, esto no es tan fácil y requiere un poco de práctica y confianza en tus propias capacidades.

DESENMASCARAR MENTIRAS

A nadie le gusta que le mientan y le manipulen. Pero a veces no es tan fácil pillar a alguien en una mentira. Las personas con rasgos oscuros de personalidad, en particular, suelen tener años de experiencia en el engaño y la manipulación. Por eso es muy difícil ver a través de sus verdaderas intenciones. No se ponen nerviosos tan fácilmente como otras personas cuando mienten.

Sin embargo, tú también puedes aprender en qué comportamiento debes fijarte para desenmascarar una mentira ante tu interlocutor. Alguien que no tiene nada que ocultar normalmente te dará una respuesta sencilla y breve. Por ejemplo, es más probable que una persona inocente responda a la pregunta de si ha robado algo con un claro "no". Una persona culpable que quiera ocultar su delito normalmente intentará convencer a la otra persona de su inocencia utilizando diversas técnicas y tácticas.

Los mentirosos suelen empezar su respuesta a una pregunta repitiéndola. Esto les da tiempo para pensar cómo pueden adornar su mentira de forma creíble. Puedes suponer que si tarda 5 segundos en responder, la otra persona te está mintiendo. Ese es el tiempo que necesita el cerebro para idear una mentira. Los mentirosos tienen el mismo motivo oculto cuando repiten respuestas y preguntas durante la conversación. La repetición también pretende enfatizar y aclarar lo que se ha dicho. Los mentirosos también suelen referirse a mentiras anteriores en una conversación de este tipo. Se refieren a una respuesta anterior como: "Ya te dije la semana pasada que no robé las gafas". Desde su punto de vista, simplemente está repitiendo una mentira anterior al referirse a ella y no está engañando de nuevo a su interlocutor. Otra táctica que te permite reconocer con relativa rapidez si la otra persona te está mintiendo es la distracción. Si la otra persona intenta responder a una pregunta sencilla de forma muy prolija y farragosa, puedes estar seguro de que está intentando ocultar lo que ha hecho en realidad. Esto le impedirá hacer una declaración clara sobre tu pregunta.

En la mayoría de los casos, las expresiones faciales y los gestos también pueden indicarte si la otra persona te está mintiendo. Como las personas de personalidad oscura suelen tener mucha experiencia en mentir y manipular, es especialmente difícil reconocer por sus rasgos faciales si mienten o no. Han aprendido a controlar sus expresiones faciales y sus gestos a lo largo de los años. Sin embargo, puedes ser capaz de reconocer a un maestro de la mentira y el engaño con la ayuda de los siguientes signos:

1. **Parpadeo frecuente**. Sin embargo, debes saber con qué frecuencia parpadea una persona en conversaciones normales para poder establecer una comparación.

2. **Mejillas enrojecidas**. El rubor apenas puede reprimirse, por eso es un buen indicio para desenmascarar una mentira.

3. **Movimiento excesivo**. Debes estar alerta ante la inquietud y el movimiento repentinos después de hacer una pregunta. Podría estar asociado al nerviosismo que surge al decir una mentira.

4. **Tu interlocutor empieza a poner orden**. Durante la conversación se llevan a cabo otras actividades, a veces realmente sin importancia. Posiblemente por

nerviosismo o para distraer.

5. ojos muy **abiertos**. Los ojos muy abiertos simbolizan sorpresa, miedo y pánico. La otra persona suele necesitar poco tiempo para pensar su respuesta.

6. **Sudoración, temblores o deglución frecuente**. Las reacciones físicas observables suelen estar asociadas a la mentira.

7. **se aumenta** la distancia. Las personas que se sienten sorprendidas mintiendo suelen empezar a aumentar inconscientemente la distancia física con la otra persona.

8. postura **entrelazada**. Muchas personas adoptan inconscientemente una postura defensiva cuando mienten. Cruzan los brazos o giran el cuerpo en dirección contraria a la persona con la que están hablando.

9 Los **gestos y las expresiones faciales** no coinciden con lo que se dice. El interlocutor asiente a menudo aunque diga claramente "No".

10. las **expresiones faciales no coinciden**. Los ojos y la boca no dicen lo mismo. La risa suele ser la mejor forma de reconocer si la persona de enfrente habla en serio o miente. Si los ojos no se ríen, puedes suponer que la otra persona intenta engañarte.

11 **Demasiados detalles**. Para parecer más creíbles, a-dornan su mentira con montones de pequeños datos, en su mayoría innecesarios.

Sin embargo, además de estas señales, también puedes reconocer si la otra persona prefiere escapar de la situación observando su lenguaje corporal y su postura. Un buen indicio de ello es la posición de sus pies. Quien quiere escapar de una conversación suele girar los dedos de los pies hacia la puerta o alejándose de la otra persona. El giro inconsciente del cuerpo hacia la puerta también puede ser una señal de la necesidad de escapar. Mirar constantemente hacia la puerta también puede ser indicio de una mentira. Además del instinto de huida, esconder las manos debajo de la mesa o en los bolsillos del pantalón también puede ser una señal de que la otra persona intenta ocultar algo. Cruzar los pies y luego volver a meterlos debajo de la silla también parece que intenta ocultarte algo. Si una persona tiene miedo de que la pillen mintiendo, se apartará rápidamente al establecer contacto visual, pues teme que sus ojos puedan delatarla.

Sin embargo, siempre debes tener en cuenta que estos signos siempre pueden deberse a las circunstancias concretas de una situación. Si la otra persona acaba de terminar de trabajar, no es un indicio de engaño que empiece a ordenar su lugar de trabajo antes de irse a casa. También deberías conocer a la persona de la que sospechas que miente desde hace algún tiempo. Esto se debe a que sólo si su comportamiento se desvía de su comportamiento cotidiano es también un indicio de mentira. Por ejemplo, una persona puede estar generalmente muy inquieta y moverse mucho o estar ansiosa, por lo que en general sería más probable que se volviera hacia la puerta. Tienes que observar a tu interlocutor en situaciones cotidianas y conocer su comportamiento para descubrir su conducta al decir mentiras y engaños.

RECONOCER LAS TÉCNICAS DE MANIPULACIÓN

El término manipulación suele describir el ejercicio selectivo de influencia sobre los pensamientos y el comportamiento de otras personas. La influencia se ejerce de forma encubierta, por lo que suele considerarse negativa. En particular, las personas con rasgos oscuros de personalidad manipulan a los demás por motivos egoístas e interesados.

Como dan prioridad a sus propios objetivos y aceptan que otras personas resulten heridas en el proceso, las técnicas de manipulación utilizadas suelen conducir a un resultado negativo para la persona manipulada. ¿Quizás tú también te has dejado engañar por un manipulador? ¿O quieres protegerte informándote sobre los métodos utilizados por los astutos manipuladores? Entonces este capítulo te dará la oportunidad de familiarizarte con las técnicas y estrategias de manipulación y de protegerte contra ellas.

La forma más fácil, y probablemente la mejor, de protegerte de un manipulador es hacer caso a tu instinto. ¿Te parece extraña una situación? ¿Te resulta difícil confiar en una persona? Entonces es mejor que mantengas las distancias. Muchas técnicas de manipulación funcionan haciéndote sentir culpable o inquietándote de alguna otra forma. Sin embargo, si te muestras seguro y confiado, al manipulador le resultará difícil inquietarte y convencerte de sus ideas. Por tanto, deberías empezar por aprender a confiar en ti misma y a estar en paz contigo misma.

Pero a veces incluso a la persona más segura de sí misma le resulta difícil ver a través de un manipulador y confiar en su intuición. Los manipuladores utilizan hábiles estrategias para conseguir el objetivo deseado. Por eso puede ser beneficioso conocer las 10 estrategias de manipulación más utilizadas, para reconocer desde el principio a un manipulador y sus intenciones.

1. El principio de reciprocidad

El principio de reciprocidad está firmemente anclado en el núcleo humano. Si alguien nos hace un favor, tenemos la sensación de que nosotros también tenemos que hacerle un favor. Un manipulador puede explotar este principio con gran efecto.

Te hace un pequeño favor y se aprovecha de tu mala conciencia para pedirte un favor aún mayor. Te resultará difícil rechazar esta petición porque sientes que le debes algo. Un ejemplo sencillo de esto puede encontrarse en un restaurante. Si el camarero pone un caramelo junto a la cuenta, la propina suele ser más alta.

2. Principio del pie en la puerta

Con este principio, el manipulador también te pedirá un pequeño favor. Aparentemente, esto puede orientarte en una dirección de forma bastante inofensiva y sirve para abrir puertas. Entonces le harás un favor mayor con mucha más facilidad, ya que los humanos tendemos a ser constantes. Te resultará difícil salir. Por ejemplo, si te pide que veas una presentación para una reunión importante unos días antes, es más probable que le digas que sí si luego te pregunta si podrías hacer la presentación con él. Lo importante aquí es hacer caso a tu instinto, tomarte un momento y pensar detenidamente si realmente quieres hacerlo.

3. Escasez

Un manipulador puede presionarte hábilmente afirmando que algo es limitado o escaso. En el caso de las decisiones, por ejemplo, limitando el tiempo o el número de plazas. Intuitivamente dirás "sí" más rápidamente que sin esta presión.

Por supuesto, este principio se utiliza a menudo en los anuncios que ofrecen ediciones limitadas. Escucha tus propias necesidades, no te dejes presionar y no te sientas culpable por decir "no".

4. Jugar con el miedo

Igual que puedes utilizar las limitaciones para ejercer presión, también puedes utilizar el miedo para crear presión. Si tu interlocutor intenta desencadenar en ti un sentimiento de pánico y ansiedad con frases como: "Puede que mañana ya sea demasiado tarde" o "¿Podrías perdonarte realmente si no haces nada ahora?", probablemente estará intentando sonsacarte una decisión bajo la presión del tiempo y el miedo. También en este caso, tómate tu tiempo para reflexionar y no tomes decisiones precipitadas.

5. El amigo simpático

Esta técnica se basa en el principio psicológico de que nos resulta difícil rechazar un deseo de alguien que es muy parecido y simpático a nosotros.

Un manipulador se aprovecha de esto fingiendo tener intereses similares a los tuyos y reflejando también tu lenguaje corporal. Así le resultará más fácil convencerte de que le hagas un favor. De nuevo, el mero hecho de conocer este principio te tentará a escrutar críticamente sus aficiones e intereses. Si una situación te resulta extraña o incómoda, observa si la otra persona refleja tu postura y tus señales corporales. Un ejemplo típico de esto es un vendedor que menciona casualmente que tiene las mismas aficiones que el posible comprador.

6. El principio de autoridad

Los manipuladores utilizan y adquieren títulos para parecer creíbles y dignos de confianza. Es menos probable que la gente cuestione su juicio porque es un experto. Intentan utilizar su título o su condición de experto para que los argumentos falsos parezcan creíbles.

Comprueba sus declaraciones si algo te parece extraño, o pregunta por su CV e intenta desenmascarar sus mentiras. Otro ejemplo de explotación del principio de autoridad es cuando el manipulador intenta adelantarse a tu jefe afirmando: "El jefe dijo...". También en este caso debes dirigirte personalmente a tu jefe si la petición es atípica. En el mejor de los casos, el intento de manipulación puede desenmascararse inmediatamente.

7. Transferencia selectiva de información

Una técnica de manipulación relativamente frecuente consiste en omitir o enfatizar determinada información. Por tanto, si tienes la sensación de que te están ocultando algo, haz un seguimiento de ello. Intenta, en la medida de lo posible, obtener tu propia información y ver también qué intereses representa tu interlocutor. Un posible conflicto de intereses podría ser el motivo de la omisión de información relevante.

8. Sobreinformación

A diferencia de la omisión de información, esta estrategia de manipulación consiste en presentar un exceso de información.

La persona con la que hablas intenta abrumarte con información casi siempre irrelevante durante tanto tiempo que acabas por no saber de qué trata realmente la conversación. Si vuelves a casa confuso de una conversación con demasiada información, deberías preguntarte una vez más cuál era exactamente el objetivo de la conversación.

9. Seguimiento

Los humanos tenemos la necesidad de unirnos a grupos. Lo que hagan muchos otros será lo correcto. Pero ahí es donde las cosas pueden ponerse peligrosas. Si siempre te limitas a seguir la corriente y no cuestionas lo que hacen los demás, puedes ser manipulado rápidamente. Aquí hay que evitar sobre todo la presión social de grupo.

10. Chantaje emocional

El manipulador suele intentar chantajearte con sentimientos utilizando esta táctica. Se centra en sentimientos muy negativos y estresantes. La gente suele acceder a las exigencias para evitar conflictos. Esta estrategia suele utilizarse sobre todo en las relaciones de pareja, ya que existe una dependencia emocional. A menudo te hacen sentir culpable, te reprochan y te amenazan.

Esto puede llevarte a desarrollar una depresión como consecuencia de tu sentimiento de culpa. Por tanto, presta mucha atención a las acusaciones y amenazas de tu pareja como: "Si me quisieras de verdad, no harías algo así", "He renunciado a tanto por tu culpa..." o "No sé si podré seguir contigo si haces algo así". No debes dejar que estos comentarios te afecten, sino discutir estas acusaciones con tu pareja de igual a igual y hacerles frente.

No toda manipulación tiene una intención maliciosa. A veces, por ejemplo, la omisión de información puede no haber tenido un motivo deliberadamente malicioso. Las estrategias de manipulación se utilizan a menudo en las negociaciones para conseguir un resultado deseado. Sin embargo, si las técnicas de manipulación van de la mano de la aceptación temeraria de herir y explotar a otras personas para conseguir los propios objetivos, deben tomarse medidas urgentes.

APLICA TÉCNICAS DE PSICOLOGÍA

Después de haber aprendido a reconocer y desenmascarar la manipulación y la mentira, en este capítulo aprenderás a convencer a tu interlocutor de tus argumentos en discusiones de negociación o persuasión. Ahora aprenderás a utilizar técnicas psicológicas para lograr tu objetivo. Sin embargo, asegúrate de mantener siempre una actitud amistosa y objetiva.

Aprender tácticas de negociación y persuasión

Las tácticas persuasivas se encuentran en todas partes de la vida cotidiana. La gente suele utilizar tácticas de persuasión cuando quiere alcanzar un determinado objetivo y quiere conseguir que los demás le ayuden a conseguirlo. Por supuesto, también puedes tomar decisiones por tu cuenta.

Pero los humanos somos criaturas que buscamos soluciones socialmente aceptables. Por ejemplo, es más probable que intentes persuadir a tu pareja para que compre un televisor nuevo a través de que hacerlo tú solo. Todo lo que necesitas para este tipo de persuasión son tácticas y argumentos convincentes. Según el psicólogo Noah Goldstein, se ha demostrado científicamente la eficacia del uso consciente de estrategias de persuasión. También puede ser útil utilizar tácticas y estrategias para conseguir tus propios objetivos en las conversaciones de negociación. Sobre todo si quieres negociar con éxito, no podrás evitar estas técnicas. Además de una actitud segura, las 10 estrategias siguientes pueden ayudarte a convencer a los demás de tus argumentos. A la inversa, también puedes utilizar las técnicas presentadas para reconocer cuándo alguien está intentando convencerte estratégicamente.

1. Controla tus sentimientos

Cuanto más neutral parezcas durante una negociación, mejor podrás convencer a tu interlocutor. Las respuestas abiertas y sinceras y el sentido del humor también te harán parecer más convincente.

Si, por el contrario, estás negociando con un manipulador o una persona con rasgos oscuros de personalidad , debes pensar detenidamente de antemano con qué franqueza y honestidad expones tus argumentos, porque tu contraparte seguirá intentando manipularte.

2. Haz la primera oferta.

Los estudios científicos demuestran que la primera oferta durante una conversación o incluso una negociación se utiliza como pauta para los argumentos y ofertas posteriores. Puedes utilizar este conocimiento en tu propio beneficio argumentando primero y estableciendo así el punto de referencia. Los psicólogos lo denominan efecto ancla.

3. Haz cumplidos.

A las personas con y sin rasgos oscuros de personalidad también les encanta recibir cumplidos y elogios en las conversaciones persuasivas. Puedes hacer un uso especialmente bueno de los cumplidos antes de una conversación persuasiva.

Por ejemplo, si esperas que una persona sea muy comprensiva con una situación, puedes empezar el día anterior describiendo a tu interlocutor como muy comprensivo. La probabilidad de que tu interlocutor sea comprensivo con tu situación al día siguiente aumenta considerablemente.

4. Pequeños pasos.

No abras la puerta directamente. Si quieres convencer a tu interlocutor de que haga un gran cambio, empieza primero con pequeños pasos. A la mayoría de la gente no le gustan los cambios, así que quítales el miedo introduciéndoles gradualmente en tu objetivo. Utiliza el "principio del pie en la puerta" descrito anteriormente, pidiendo primero un pequeño favor y luego el mayor.

5. Haz comparaciones.

Como los humanos somos animales de rebaño, tendemos a dejarnos convencer por las masas. Aprovecha esta debilidad haciendo comparaciones del tipo: "Mi amigo también se ha comprado un televisor nuevo y está muy contento con él". Las comparaciones aumentan la probabilidad de convencer a tu interlocutor.

6. pocas alternativas.

Señala siempre alternativas en las conversaciones de negociación. La gente tiene miedo de no poder actuar y, por tanto, necesita alternativas cuando se le critica. Debes presentar formas de salir de la situación.

Sin embargo, asegúrate de presentar alternativas concretas y el menor número posible. De lo contrario, tu interlocutor se sentirá abrumado y necesitará mucho más tiempo para tomar una decisión. Los estudios han demostrado que si a las personas se les ofrecen demasiadas opciones, pospondrán o evitarán por completo tomar una decisión en favor de la opción correcta.

7. silencio táctico.

Casi nadie soporta el silencio en las conversaciones o negociaciones. Puedes utilizar esto a tu favor. Plantea tu exigencia y permanece en silencio. Mira a la otra persona a los ojos y espera. A la mayoría de la gente esto le resulta muy incómodo e intentará romper el silencio. Pero mantente firme. No respondas a la resistencia, sino repite tu demanda. Tu interlocutor volverá a intentar romper tu silencio con justificaciones. A medida que pase el tiempo, utilizarán argumentos cada vez más débiles para romper el silencio. Lo único que tienes que hacer es esperar y refutar sus débiles argumentos al final.

8. Crear sentimientos de culpa.

Del mismo modo que los manipuladores hábiles intentan crear sentimientos de culpa en los demás para salirse con la suya, tú también puedes utilizar esta técnica. Por ejemplo, intenta llevar al extremo las exigencias de tu interlocutor en las negociaciones.

No dudes en exagerar y hacerle sentir culpable de sus propias exigencias. Por ejemplo, como gerente podrías decir: "Si todo el mundo cogiera tantas vacaciones como tú, no quedaría nadie para nuestros clientes y podríamos cerrar la tienda".

9. no presentes inmediatamente todos los argumentos de peso.

Asegúrate de empezar la negociación con un argumento fuerte. Guarda un argumento igual de fuerte hasta que te des cuenta de que la otra parte se está cansando. Si entonces presentas otro argumento fuerte, tu contraparte cederá más rápidamente y te hará concesiones.

10. presta atención al final.

Intenta mantener la concentración hasta el final de la negociación. Incluso después de llegar a un acuerdo, aprovecha los últimos minutos de la reunión para plantear tus exigencias. Cuestiónalo todo de nuevo al final y añade otra exigencia. Tu interlocutor estará cansado y apático y, por tanto, se apresurará a ceder a tu nueva exigencia.

Con la ayuda de las tácticas de persuasión y negociación presentadas anteriormente, es poco probable que alguien te niegue algo tan rápidamente. Sin embargo, ten cuidado de no ser mezquino o rencoroso con tu interlocutor en . Utiliza las técnicas de diálogo y mantén tus principios morales y tus límites. Las técnicas pueden utilizarse individualmente durante la conversación. Sin embargo, debes prestar atención a cuál es el objetivo principal de tu conversación.

¿Quieres convencer a tu pareja de que cambie el color de las paredes de tu dormitorio o quieres negociar con tu jefe para ganar más dinero? Objetivos distintos requieren planteamientos distintos. Asegúrate de que estás suficientemente preparado para una negociación y, por tanto, evita negociar con poca antelación.

De este modo, tu interlocutor no te cogerá por sorpresa y podrás tomar decisiones con confianza. Como norma general, mantén siempre el contacto visual durante una conversación, muéstrate seguro de ti mismo y sé consciente del alcance de tus acciones. Por ejemplo, si haces que alguien se sienta culpable para conseguir tu objetivo, debes ser consciente de antemano de que puedes conciliarlo con tus normas morales. Muéstrate siempre amable y simpático, y no temas hacer preguntas concretas si algo no está claro. Utiliza tu lenguaje de forma selectiva, ya que suele ser responsable de gran parte de tu éxito.

LO QUE HAS APRENDIDO AHORA

Espero que hayas encontrado lo que buscabas en esta guía y que haya colmado tus expectativas. Has aprendido qué constituye una personalidad oscura y cómo reconocerla. Ahora puedes ver y desenmascarar las mentiras y las técnicas de manipulación. Sabes cómo debes acercarte a una persona con rasgos oscuros de carácter y qué debes evitar en las interacciones sociales. Si es posible, mantén las distancias y no entres en sus juegos. Porque, aunque ahora tengas amplios conocimientos, las personalidades oscuras son maestras del engaño y encontrarán la forma de perjudicarte.

Si alguien de tu entorno muestra signos de un trastorno de la personalidad, no dudes en acercarte a él con delicadeza y buscar juntos un posible alivio. Sin embargo, no le ates un ladrillo a la pierna. Suele ser difícil ayudar a las personas con un trastorno de la personalidad sin ayuda profesional. Cuida de ti mismo y de tu salud y aprende a decir "no" a veces. Tú también puedes utilizar las técnicas de persuasión y negociación presentadas aquí para mantener conversaciones fructíferas y conseguir tus objetivos. Por supuesto, esto depende siempre de las circunstancias de la situación.

No obstante, puedes intentar utilizar una o dos

estrategias en tu próxima conversación para acercarte un paso más al resultado deseado.

www.ingramcontent.com/pod-product-compliance
Lightning Source LLC
Chambersburg PA
CBHW031459130726
47989CB00003B/1462